Género Ficción histórica

I0901319

Pregunta esencial

¿Cómo conectan las tradiciones a las personas?

El cesto del abuelo

Lee DeCora Francis
Penobscot/Ho-chunk
ilustrado por Anna Vojtech

Capítulo 1

Las palabras de Muhmum

Era la madrugada de un día de verano de 1960. *¡Doonk! ¡Doonk! ¡Doonk!* Rodney abrió lentamente los ojos mientras esbozaba una pequeña sonrisa. Permaneció acostado oyendo el habitual sonido que indicaba que era el momento de empezar el día. Después de deslizarse lentamente fuera de la cama, tomó su ropa en silencio, miró a sus hermanos y caminó en puntillas hasta la escalera. Se echó un poco de agua en la cara y se lavó los dientes. Luego, salió al patio. Su abuelo, Muhmum, ya estaba trabajando. Su abuela, Nokomis, fregaba ropa en la tabla de lavar, pero se detuvo un momento para abrazar a Rodney, como lo hacía cada mañana.

Cerca de la entrada del cobertizo había largos trozos de fresno atados en montones. Apilados a lo largo de la ribera, los fresnos recién cortados esperaban su turno. Era una escena hermosa; al verla, Rodney se sentía hipnotizado y olvidaba sus preocupaciones. Caminó hasta el terreno donde trabajaba con Muhmun y se sentó en uno de los troncos que estaban frente al cobertizo.

¡Doonk! ¡Doonk! ¡Doonk! Rodney miró a su abuelo levantar de nuevo el lado desafilado del hacha y golpear la marca que había hecho sobre el tronco. Muhmun levantó los ojos. La mirada de Rodney le indicó que algo andaba mal. Dejó de lado el hacha y se sentó en el tronco que estaba al lado de su nieto.

Muhmum sabía que a Rodney le preocupaba dejar la reserva para asistir a la escuela en el otoño. Sería la primera vez que asistiría a una escuela que no estaría conformada por gente de su pueblo. Muhmum puso la mano sobre el hombro de Rodney y sonrió. Le recordó a su nieto que no iba a estar muy lejos. La escuela estaba ubicada en el pueblo vecino, justo al otro lado del río. Podría venir a casa todas las tardes.

Estuvieron sentados durante unos momentos y en seguida, Rodney tomó el hacha en sus manos. Ocupó su lugar junto al tronco y lo golpeó con el reverso del hacha, justo como le había enseñado su abuelo. Mientras golpeaba, pensaba en las palabras de Muhmum. Cuando su abuelo era niño, había ido a una escuela que quedaba lejos de su hogar y no pudo regresar hasta cuando se hizo mayor. En la escuela no podía hablar su lengua ni jugar con sus familiares. Aunque Rodney sabía que esta escuela era diferente, quería quedarse en casa y hacer más cestos.

Capítulo 2

Los cestos

La mayoría de los chicos de la edad de Rodney ayudaban en la preparación del fresno para la confección de cestos. Mientras golpeaba el tronco, Rodney recordó cuán difícil había sido esa tarea al comienzo. Sin embargo, era un trabajo importante, uno que debía aprender para ayudar a su pueblo. Jóvenes y ancianos trabajaban juntos para sobrevivir. Muchos sostenían a sus familias con el arte y el conocimiento de hacer cestos. Algunas familias se especializaban en producir cestos grandes y resistentes, para personas que los utilizaban en trabajos pesados. Otras, producían cestos pequeños y lujosos, ya que a los turistas les gustaba coleccionarlos.

La familia de Rodney producía todo tipo de cestos. Sus padres ayudaban a hacer cestos en la tarde, después de trabajar en la fábrica de zapatos. Su abuela a menudo se reunía con otras mujeres y podían trabajar en la confección de cestos durante todo el día. Cada mujer tenía un estilo personal. A la abuela de Rodney le gustaba hacer cestos con rizos, mientras que una amiga de ella hacía puntos con las pequeñas tiras de fresno. Otra mujer coloreaba los cestos.

El abuelo de Rodney hacía cestos más grandes, como muchos de los otros hombres de la isla. Hacía cestos para la ropa, cestos de todos los tamaños para las papas y cestos para el equipaje. Los cestos para el equipaje eran los mejores. Rodney quería hacer cestos como estos.

Durante toda la semana, Rodney ayudaba a su abuelo a golpear y romper el fresno. Había mucho material para la confección de los cestos. Cada vez más turistas tomaban el ferri que cruzaba el río, para comprar cestos en la Tienda de Cestos de los Indígenas Penobscot. La familia de Rodney trabajaba arduamente para que hubiera suficientes. Vendían algunos en la tienda y enviaban otros a sus familiares que vivían en la costa, para que ellos los vendieran.

Rodney se preguntaba por las personas que compraban los cestos. Pensaba en todos los lugares a donde podrían ir los cestos. Sabía que su familia debía producir más para el otoño; le preocupaba que su abuelo no pudiera mantener el ritmo cuando él asistiera a la escuela.

Rodney admiraba la manera como su abuelo Muhmum se movía en su taller. Había caminos marcados en el suelo. Cada utensilio tenía un lugar determinado. La mayor parte del tiempo sus hermanos menores no podían entrar en el taller. Esto ponía feliz a Rodney porque sus hermanos lo irritaban.

Cuando era un niño pequeño, Rodney amaba sentarse en un taburete y ver cómo se confeccionaba un canasto. Le fascinaba la forma como las piezas se juntaban. Cuando creció, Muhmum le pidió ayuda y le mostró cómo confeccionar los cestos.

Hoy, ambos trabajaron con determinación. Ubicaron el fondo del cesto sobre bloques de madera, para darles la forma adecuada. Muhmum bromeó con su nieto, recordándole la última vez que habían ido a recoger madera. Rodney sonrió mientras su abuelo volvió a contar esa divertida historia.

A cada uno solo le quedaba un tronco por llevar hasta la orilla. Rodney se agachó, alzó el tronco y lo puso sobre sus hombros. Depronto, sintió algo que se movía por su cuello y luego por su pecho. Miró al suelo y gritó al ver una serpiente marrón. Lanzó el tronco tan rápido como pudo. No había muchas cosas que asustaran a Rodney, pero las serpientes eran una de ellas. Las detestaba.

Capítulo 3

Zapatos nuevos

Rodney pasó el día siguiente tejiendo los cestos que se amontonaban en la esquina del taller. Él amaba tejer y tenía mucho talento para ello. A menudo, otros hombres de la familia le daban una mano en esa tarea. Fue durante esos tiempos que Rodney aprendió de sus parientes por los relatos que ellos le contaban.

Muchos habían abandonado la reserva cuando eran jóvenes. Habían mentido sobre su edad para enlistarse en el ejército. Deseaban proteger su tierra natal. Sus primos, Claude y LeRoy, tenían dieciséis años cuando se fueron a Corea. Él escuchaba atentamente e imaginaba los relatos. Rodney se dio cuenta de que en cada cesto estaba la historia de sus antepasados.

Rodney aún no tenía un gran cesto para el equipaje. Se preguntaba cuándo podría llevar uno con orgullo.

Cuando Rodney era niño, su abuelo lo llevaba en un cesto para equipaje. Un día le preguntó a su abuelo si el cesto se desfondaría. Muhmum le dijo:

—Los cestos son resistentes, como la resistencia de nuestros ancestros. Este soportará tu peso.

El cesto preferido de Rodney era uno que el abuelo había fabricado y en el que Rodney se metía cuando era niño. Lo habían pintado de azul pálido muchos años atrás. Una parte del color se había desvanecido, pero seguía siendo su favorito.

El sábado antes de partir a la escuela, Rodney bajó las escaleras y saludó a Nokomis. Dos rebanadas de pan tostado y una taza de té lo esperaban en la mesa de la cocina. Nokomis estaba comunicativa, desayunaba mientras le hablaba de los planes del día. Le pidió a Rodney que la acompañara al pueblo.

Esa mañana el puerto estaba bastante concurrido. La gente esperaba el ferri con mercancías en la mano. Las canoas se alineaban a lo largo de la orilla.

En la tienda, Nokomis sostuvo una camiseta blanca sobre el pecho de Rodney. Luego, encontró un par de pantalones que entraron en sus largas piernas. Además, la abuela seleccionó un par de brillantes zapatos de cuero. Rodney sabía que era demasiado y ella tendría que renunciar a comprar algo que necesitara para poder pagar los zapatos. Rodney le sugirió que llevaran unos zapatos diferentes, pero su abuela le dijo que quería llevar los que tenía en la mano. Necesitaba que su nieto se viera guapo en la nueva escuela. Camino a casa, Rodney pensó que tendría que hacer algo para pagarle a su abuela.

En la noche del domingo, Rodney trató de no pensar en el lunes, su primer día de escuela. "Mañana todo estará bien", pensó. Había ido al pueblo muchas veces. El año pasado había ido con su abuela cuando finalmente les permitieron votar a las personas de su pueblo. Conocía a las personas del pueblo, y eso era lo que le preocupaba. Algunos lo trataban diferente. Su vigilancia lo ponía nervioso. "Tú puedes. Tú puedes. Tú puedes", se decía mientras se alistaba para dormir.

Detective del lenguaje	La palabra subrayada es un adverbio de cantidad. Busca en esta página otro adverbio de cantidad.

Rodney se miró una vez más antes de partir. Aunque no quería, pensó: "pronto estaré en la escuela". Recorrió el sendero que lo llevaba hasta el ferri. En el muelle, encontró a su primo, quien también esperaba a que comenzara su primer día de clases. Hablaron y rieron mientras esperaban. De repente, Rodney sintió que una mano conocida se posaba sobre su hombro. Se dio la vuelta y vio a su abuelo, que le sonreía. Muhmum le entregó a su nieto el cesto para equipaje.

El abuelo ajustó los tirantes y dijo:

—Ahora este es tu cesto. Lo he tenido durante muchos años. He viajado con él a muchos lugares. Ha sobrevivido a adversidades y epidemias. Sin importar a dónde iba, el cesto me hacía sentir en casa. Este es mi regalo para ti.

Rodney abrazó a su abuelo y le dio las gracias. Luego, se subió al bote y se puso el cesto para honrar a su familia. Sintió la fuerza del cesto de su abuelo en su espalda. Miró por encima del agua y vio a su abuelo, que todavía estaba de pie en la orilla. Rodney saludó con la mano mientras el barco se alejaba hacia donde estaba su escuela.

Detective del lenguaje ¿Qué adverbio de tiempo puede reemplazar la palabra subrayada?

Respuesta a la lectura

Resumir

Resume el texto a partir de los detalles más importantes de *El cesto del abuelo.* Utiliza el organizador gráfico.

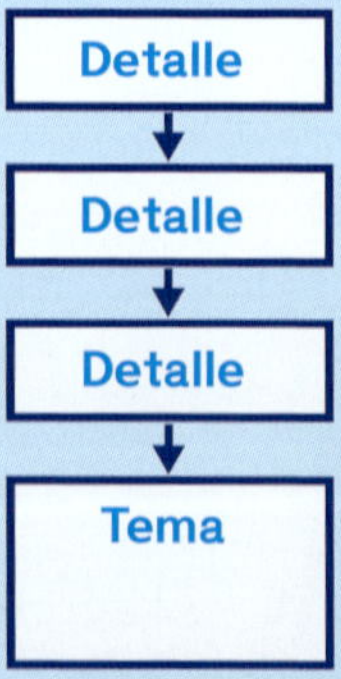

Evidencias en el texto

1. ¿Por qué este relato es un ejemplo de un texto de ficción histórica? GÉNERO

2. ¿Por qué es importante para Rodney saber fabricar cestos? TEMA

3. ¿Cuál es la denotación de "fascinaba" en la página 9? ¿Cuál es su connotación? CONNOTACIÓN Y DENOTACIÓN

4. ¿Por qué Rodney se siente confiado para enfrentar su primer día de escuela? ESCRIBIR SOBRE LA LECTURA

Género Texto expositivo

Compara los textos

Lee acerca del náhuatl, su conservación y su presencia en la actualidad.

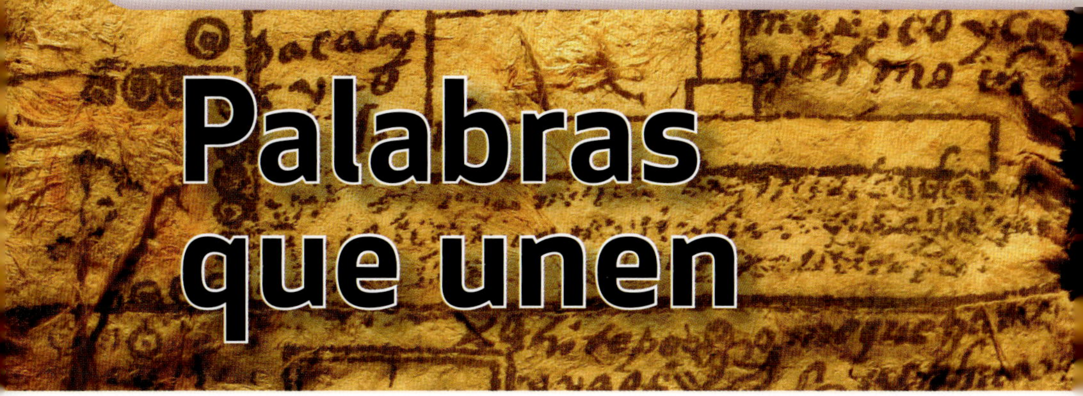

Palabras que unen

¿Sabías que cuando dices *chocolate* estás utilizando una palabra indígena? Esta y otras palabras provienen de una familia lingüística del norte de la región mesoamericana: el náhuatl. La palabra *náhuatl* significa "hablar con suavidad" o "sonido claro".

El náhuatl era la lengua de los aztecas o mexicas, la civilización dominante en Mesoamérica desde mediados del primer milenio de nuestra era hasta la conquista española. Los aztecas o mexicas llamaron a su capital imperial: México-Tenochtitlán. De ahí proviene el nombre de México, el país actual, y de su capital, Ciudad de México.

Ragne Kabanova/Hemera/Getty Images

Desde la colonización española, el castellano se impuso en Mesoamérica. Pero algunos descendientes del antiguo pueblo mexica se han rehusado a perder sus costumbres ancestrales y su idioma.

En la actualidad, el náhuatl es la lengua indígena que más se habla en México. La hablan cerca de un millón y medio de personas, distribuidas en más de diez estados del país. Las festividades y ceremonias rituales ancestrales celebradas por las distintas comunidades descendientes de los aztecas, como el tequio, que es la labor rural colectiva, y el mitohtli, un día de integración en el que la comunidad entera celebra la alegría de vivir, han contribuido a mantener vivo el náhuatl.

La mayoría de los actuales hablantes del náhuatl son bilingües. Hablan español en las escuelas y con personas ajenas a su comunidad. El náhuatl, por el contrario lo hablan en familia y en la comunidad más cercana. Muy pocos, sin embargo, lo escriben o lo leen.

Al entrar en contacto españoles y aztecas, los nombres náhuatl de muchos elementos autóctonos de la región se integraron al castellano y siguen usándose hoy día.

ahuacatl **= aguacate**

cacáhuatl **= cacahuate**

xoco y atl **= chocolate**

coyotl **= coyote**

Dos documentos del siglo XVI que han contribuido al conocimiento de la lengua náhuatl y de la cultura azteca son: el Códice Florentino, un manuscrito de 2400 páginas y más de 2000 ilustraciones, escrito en náhuatl y español por fray Bernardino de Sahagún, y un diccionario náhuatl-español escrito por fray Alonso de Molina.

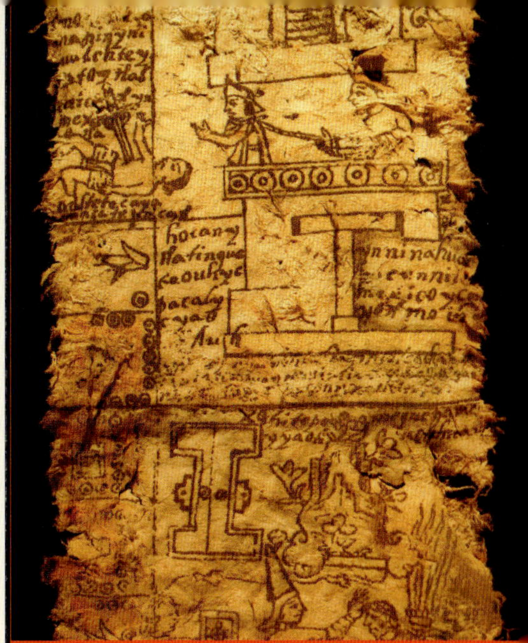

Los códices o libros aztecas son fuentes indígenas de primera mano. Sus textos y pictogramas describen aspectos del pensamiento y la cultura de los aztecas.

Hoy se encuentran diccionarios náhuatl-español en línea, y el himno nacional y la constitución mexicanos han sido traducidos a la lengua de los aztecas.

Haz conexiones

¿Por qué es importante que la constitución y el himno mexicanos se hayan traducido al náhuatl? PREGUNTA ESENCIAL

A partir de los textos *El cesto del abuelo* y *Palabras que unen,* ¿cómo entiendes la importancia de conservar las costumbres de los antepasados? EL TEXTO Y OTROS TEXTOS

Enfoque: Género

Ficción histórica Los textos de ficción histórica tratan de sucesos ocurridos en el pasado. A menudo se presenta información de un hecho real y se muestran personas que vivieron en esa época. En los textos de ficción histórica el lector puede comprender cómo era la vida en el pasado.

Lee y descubre *El cesto del abuelo* ocurre en el pasado, y en el relato se presentan personajes, ambientes y sucesos realistas. Los personajes de la historia son ficticios, pero el relato está inspirado en la costumbre del pueblo Penobscot de fabricar cestos.

Tu turno

Los indígenas transmiten sus tradiciones mediante la narración oral. En sus relatos hablan del pasado. Elige una persona o un suceso de tu familia del cual puedas contar un relato. Puedes inventar algunos detalles para que sea más interesante, pero el relato debe estar basado en hechos reales. Practica la forma como narrarás tu relato hasta que se escuche como quieres. Luego, presenta tu trabajo a la clase.